Bei aller Sparsamkeit
gibt es doch drei Dinge,
an denen ich in meinem ganzen
Leben nie gespart habe:
*1. An gutem Schuhwerk –
teure Schuhe machen sich
auf die Dauer immer bezahlt.
2. An guten Büchern –
was man im Kopf hat, kann
einem niemand nehmen.
3. An gutem Korn –
man lebt viel zu kurz,
um billigen Fusel zu
trinken!*

Ich gucke immer, dass ich Äpfel aus der Region kaufe und alle Früchte zu der Zeit, wo sie auch hier reif sind. Es kann nicht gesund sein, dass Heidelbeeren im Februar aus Peru eingeflogen oder mit dem Schiff angekarrt werden und die dann trotz des Transports billiger sind als welche aus dem Umland. Da sollten wir alle auch mal mitdenken beim Einkaufen und das im Regal liegen lassen. Wir haben den Kopf schließlich nicht nur zum Haareschneiden. *Wenn man das Gemüse isst, das gerade Saison hat, kann man es auch preiswert kaufen.*

„Bei uns ist es gang und gäbe, dass wir als Hausgemeinschaft abwechselnd für Ordnung im Hausflur sorgen und jede Woche fegen und wischen. Das klappt leidlich, und oft muss ich die Damen hier im Aufgang erinnern und auch mal nachwischen, aber das erspart uns den Hausmeisterservice. Wenn ich das sehe, was andere Leute auf die Miete obendrauf bezahlen, weil eine Reinigungsfirma kommt, *na, da nehme ich doch gern den Wischmopp und feudele durch!*“

Prüfen Sie mal, wie kalt der Tiefgefrierer eingestellt ist. Meist sind die viel kälter als nötig eingeregelt. Minus achtzehn Grad reichen völlig hin, wir wollen schließlich nur ein paar Fischstäbchen frisch halten und kein Alaska-Packeis produzieren. Und auch beim Kühlschrank lohnt es sich zu gucken.

Jedes Grad, das weniger runtergekühlt werden muss, spart bares Geld!

Haben Sie am Toiletten-spülkasten eine Spartaste?

Falls nicht, geht es auch anders: Legt man einen Ziegelstein in den Spülkasten, spart der bei jedem Abziehen zwei Liter. Das hört sich nicht viel an, aber aufs Jahr gerechnet lohnt es sich. Wissen Se, eine Kollegin von meiner Nachbarin Frau Meiser verkneift es sich morgens zu Hause sogar und geht erst im Büro austreten. Immer wenn die sich ein neues Kleid kauft, rechtfertigt sie es damit, dass sie das durch das Auswärtsspülen wieder reinholt. Das geht ein bisschen zu weit, finde ich.

In vielen Geräten sind ja heutzutage aufladbare Batterien drin. Ganz prima, das kann ich nur begrüßen, wenn weniger weggeschmissen wird. Aber die Ladegeräte lassen die Leute aus reiner Bequemlichkeit oft am Strom hängen. Machen Sie das nicht, ziehen Se unbedingt den Stecker! Die nehmen auch, wenn sie keine Batterie laden, immer ein bisschen Strom, und das muss nun wirklich nicht sein.

Kleinigkeiten … Sie wissen schon.

Es ist bequem, den Fernseher mit dem Fernbediener anknipsen zu können, aber wie immer im Leben kostet Bequemlichkeit Geld: Für bis zu zwanzig Euro braucht die Flimmerkiste Strom im Jahr! *Stellen Se den Apparat ab, das ist auch sicherer, falls mal Gewitter kommt.* Stefan hat mir einen Mehrfachstecker angebaut, da knipse ich Videospieler, Fernseher und alles, was da sonst noch so empfängt und sendet, mit einem Klicks aus. So hat der Blitz keine Schangse, und man spart auch noch bares Geld.

Auch ein Föhn frisst sehr viel Strom. Da kann man sich schon mal überlegen, ob man das Haar nicht mit dem Handtuch kräftig trockenrubbelt und dann lufttrocknen lässt. Früher haben wir oft mit eingedrehten Wicklern in der Sonne gesessen und beim Kreuzworträtsel die Haare trocknen lassen. Da werden sich die meisten jetzt nur an die Stirn tippen, aber wenn Se sich nur merken, dass der Föhn viel Strom verbraucht, und ab jetzt richtig kräftig rubbeln und jedes Mal zwei Minuten weniger föhnen, ist schließlich auch schon was gewonnen.

Es lohnt sich, einen sparsamen Duschkopf anzuschaffen.

Es gibt Modelle, da rauschen fünfzehn Liter Wasser in der Minute durch. Für ein paar Euro kriegt man dagegen schon welche, die das Wasser mit Luft verwirbeln, sodass es sich genauso anfühlt, aber nur sechs Liter braucht. Überlegen Se mal, da sparen Se gleich dreimal: Wasser, Abwasser und Energie fürs Warmmachen. Und wer dann beim Einschamponieren auch noch den Wasserstrahl ausstellt, na, der ist aber ganz weit vorne!

Legen Se sich einen kleinen Kräutergarten auf dem Balkon oder auch in einem Blumenkasten auf dem Fensterbrett an!

Die kleinen Töpfchen mit frischen Kräutern, die man ständig so nebenher beim Einkauf mitnimmt, gehen ganz schön ins Geld. Die kann man, wenn sie schon ein bisschen abgeerntet sind, prima einpflanzen. Meist braucht man doch nur drei oder vier Stängel vom Schnittlauch oder von der Petersilie. Die Pflanzen wachsen im Kasten prima weiter, und man hat immer was bei der Hand, wenn es auf dem Teller ein bisschen traurig aussieht.

Man muss mal raus, das ist klar. Aber es muss nicht immer die Fernreise mit dem Kreuzfahrerdampfer oder gar mit dem Flugzeug sein. *Nein, auch die Heimat hat schöne Ecken, die man erkunden kann.* Es gibt auch abseits der Alpen und der Ostsee, wo es recht teuer ist, überall preiswerte Pensionen auf Bauernhöfen, in denen man ein paar Tage entspannen und die Heimat kennenlernen kann. Und für die Kinder ist Ponyreiten ein so schönes Erlebnis! Nicht nur für die Kinder, Gertrud war gar nicht runterzukriegen von Ewald, dem kleinen Islandhengst.

Wissen Se, ich war mir immer sicher, dass sich jeder über Topflappen freut, und habe die verschenkt. Das eine oder andere Mal musste ich aber doch irritierte Gesichter registrieren. Ja, eine Renate Bergmann ist feinfühlig und merkt so was! Nun hat Gertrud gesagt: »Renate, lass uns die Häkelnadeln zur Seite legen, wir stricken jetzt Socken.« Ariane hat gestrahlt vor Freude, als ich ihr das erste Paar überreicht habe. Ich bekam gleich einen Strickauftrag für weitere drei Paar für Stefan und die Kinder.

Ja, wer warme Füße hat, kann die Heizung gleich mindestens ein Grad runterdrehen und friert nicht.

Ein ganz kleiner Ratschlag, den eigentlich jeder kennen sollte: *Bevor Sie etwas in den Kühlschrank stellen, lassen Sie es abkühlen.* Ich habe letzthin gesehen, wie Ariane den Rest von den Bratkartoffeln (die kann sie, immerhin …) einfach mit der noch heißen Pfanne in den Kühlschrank stellen wollte. Ich konnte gerade noch einschreiten. Da muss man sich natürlich nicht wundern, wenn sich der Stromzähler dreht wie ein Brummkreisel.

Es muss nicht immer das Auto sein. Ich will da auf keinen Einzelfall anspielen, aber so quer über alle gesprochen ist es die Wahrheit, dass die Leute immer dicker werden. Das Fahrrad zu nehmen, dazu muss man sich natürlich aufraffen, es ist aber auch gesünder. *Kurze Wege kann man wirklich mit dem Drahtesel erledigen.* Wie oft höre ich: »Mit dem Fahrrad kriege ich meinen Einkauf aber nicht nach Hause, da muss ich das Auto nehmen.« Pah! Jeder kann sich einen Korb oder eine Tasche auf den Gepäckträger montieren, genauso wie ich ein Körbchen am Rollator habe.

Ab und an kommt man bei allem handwerklichen Geschick nicht drum herum, einen Fachmann zu rufen. Kurt bohrt gern, aber … nein. Er hat letztens erst wieder bei Gertrud das Wasserrohr getroffen, und das kam am Ende noch teurer. Bezahlen Sie aber nie in bar. Nur wenn es über das Konto gelaufen ist, können Se einen Teil auch bei der Steuer absetzen. Zu verschenken hat schließlich niemand was, oder? Und man will auch der Schwarzarbeit nicht Tür und Tor öffnen. *Nee, bei Renate Bergmann wird immer korrekt abgerechnet, und zwar mit dem Handwerker und mit dem Finanzamt!*

Schnellkochtöpfe betrachten viele Leute ja mit Skepsis und haben ein bisschen Angst vor ihnen. Das ist Quatsch, die sind heute gar nicht mehr gefährlich. Früher, ja. Oma Strelemann hat mehr Eisbeine in die Umlaufbahn geschossen als die NASA Wettersatelliten. Aber heute, da haben die alle eine ungefährliche Auskühlautomatik, und man kann viel Kochzeit und auch Energie damit einsparen. Ilse sagt immer »Gari-Baldi« zu ihrem Schnellkochtopf, hihi. *Ob der Herd nun zwei Stunden oder nur 45 Minuten läuft, das merkt man auf der Energierechnung!*

Man kann gar nicht mehr sparen als dadurch, dass man keine Schulden macht.

Lassen Se sich nicht von geringen Zinssätzen blenden, die Banken wollen auch leben und schlagen hier eine Gebühr und da einen Zuschlag drauf. Ich rate dazu, alle Schulden so schnell wie möglich zurückzuzahlen, damit die Zinsen als regelmäßige Ausgabe wegfallen. Meist gibt es die Möglichkeit für eine Sondertilgung, und die sollte man nutzen.

Ein Heizkörper ist dazu da, Wärme abzugeben, und das kann er am besten, wenn er frei steht. Wenn ich sehe, was manche Leute da alles auf ihren Heizkörpern liegen und stehen haben, da kann ich nur die Hände über dem Kopf zusammenschlagen! Da müssen se sich dann nicht wundern, dass die Bude nicht warm wird, aber trotzdem der Gaszähler rast. *Befreien Se die Dinger bitte,* und zwar vom Staub, von Wäsche, die zum Nachtrocknen draufliegt, von Schuhen und von Trockenblumengestecken.

Sparen heißt sich einschränken und Überflüssiges weglassen, nicht, sich selbst zu kasteien. **Wissen Se, das meiste Geld geht gar nicht für die Hauptsache drauf, sondern wird so nebenher ausgegeben. Ich mache Ihnen ein paar Beispiele: Man kann auch eine Dampferfahrt machen, ohne einen teuren Eisbecher zu bestellen, man kann beim Italiener eine Pizza essen ohne Nachtisch hinterher, Kino geht auch ohne Popskorn und ein Kännchen Kaffee im Parkcafé ohne Conjäckchen dazu.**

Oma Strelemann hatte früher eine Kochkiste. Es war eine hölzerne Kiste, die innen gut isoliert war und in die der große Suppentopf passte. Sie hat die Linsen nur kurz aufgekocht und den Topf dann in die Kochkiste gestellt. Der Eintopf zog langsam ohne weitere Energiezufuhr gar. Heute machen die ein Gewese und tun so, als hätten sie die Welt neu erfunden mit ihren Slokuckern. Aber probieren Se mal, den Milchreis nur kurz aufzukochen, den Topf dann in dicke Handtücher zu wickeln und anschließend unter die Bettdecke zu stellen. *Was meinen Se, wie fein der weich gart, und zwar ganz ohne weitere Energie!*

Hören Sie auf zu rauchen!

Ja, da müssen Se jetzt nicht knurrig werden. An der Wahrheit kommen Sie nicht vorbei, rauchen ist ungesund, kostet viel Geld und es stinkt! Gertrud hat früher auch hin und wieder eine geschmökert, bis ihr Gustav sie nicht mehr küssen wollte. Na, da hat sie das ganz schnell eingestellt. Und was das Geld betrifft, können Se ja selbst nachrechnen: Jemand, der fünfzehn Zigaretten am Tag raucht, verbrennt glatte 2000 Euro im Jahr.

Und von diesem Verbrennen wird nicht mal die Stube warm, denn fast überall muss man zum Quarzen vor die Tür.

Gehen Se bitte nie ohne Einkaufszettel los. Glauben Se mir, Tüddeligkeit ist keine Frage des Alters, auch junge Leute gehen manchmal vier- oder fünfmal einkaufen und vergessen immer wieder, dass die Zahncreme alle war. Das Resultat ist dann, dass man ein weiteres Mal lostrabt, und mit recht großer Sicherheit landet dann nicht nur die Zahnpasta im Einkaufswagen, sondern noch eine Tüte Schips oder eine Tafel Schokolade. Nee, ich schreibe mir eine Liste.

Immer wenn die Spritpreise wieder durch die Decke gehen, rechnen se einem vor, wie viel man sparen könnte, wenn es ein Tempolimit gäbe. Ich bin schon zu lange auf der Welt, um noch daran zu glauben, dass die sich da einig werden. Aber bevor man gar nichts macht, kann doch jeder Einzelne was tun! Es ist heute schon legal, auf der Autobahn nur 120 zu fahren, man muss da nicht warten, bis die Schilder mit einem roten Kreis aufstellen. *Und Kurt fährt auch seit JAHREN nicht mehr als 60 auf der Landstraße. Wir kommen immer sicher an und sehen auch noch was von der schönen Gegend.*

Ich hatte schon immer meinen »Falls-Beutel« dabei, schon früher, zu DDR-Zeiten.
Da gab es keine Plastiktüten beim Einkaufen, da hatten wir immer einen Beutel einstecken – »falls es was gibt.« Daher hat der seinen Namen bis heute, hihi. Nun sind die Plastiktüten abgeschafft, aber für eine Papiertüte wollen manche Händler zwanzig Zents oder mehr. Das muss doch nicht sein! Ein Beutel nimmt in der Handtasche keinen Platz weg, er ist waschbar und macht sich ganz schnell bezahlt.

Bis die durch sind mit der Sanierung der Wohnungen und moderne Fenster eingebaut haben, die die Wärme gut in der Stube halten, gucke ich mir wahrscheinlich die Radieschen schon längst von unten an. Darum habe ich selbst was unternommen und mir Isolierfolie auf die Fenster im Wohnzimmer geklebt. Die ist durchsichtig, man bemerkt kaum einen Unterschied. Meine Fenster sind trotz Folie immer noch blanker und sauberer als die anderer Mieterinnen, deren Namen ich hier nicht nennen möchte. *Und es spart tüchtig Heizkosten ein.*

”

“

Viel Geld geht im Restaurant drauf. Selber kochen ist günstiger und gar nicht so schwierig, wie die Leute immer denken. Es ist verrückt, den ganzen Nachmittag gucken se im Fernsehen, wie um die Wette paniert und frittiert wird, und dann schalten sie die Flimmerkiste aus, schnappen sich das Portjuchhe und gehen essen. Das möchte ich niemandem ausreden, der es sich leisten kann, *aber dann will ich auch kein Gestöhne mehr hören, dass das Geld nicht langt!*

Viel sparen kann man schon mit der *Auswahl des richtigen Standorts von Elektrogeräten.* Einen Tiefkühlschrank zum Beispiel sollte man nach Möglichkeit im Keller aufstellen. Ist die Umgebungstemperatur nämlich kühl, kostet das weniger Energie, denn es muss schließlich nur der Unterschied zur Umwelt runtergekühlt werden. Und auch wenn man keinen Keller zur Verfügung hat, sollte man gucken, wo man Kühlschrank oder Gefriertruhe hinstellt. Direkt neben dem Herd ist eine sehr ungünstige Stelle.

Eigentlich wollte ich Ihnen noch aufschreiben, dass Sie sich ein Vogelhäuschen auf den Balkon stellen sollen, weil Sie auf diese Weise sehr viel Katzenfutter sparen können, aber da hat das Fräulein vom Verlag geschimpft. Das ginge nicht. *Also, vergessen Se das am besten wieder.*

Ich esse Obst am liebsten, wenn es schon überreif ist und man die Sonne so richtig schmeckt! Aber es gibt Leute, die kriegen Gänsehaut, wenn die Banane eine leicht braune Stelle hat oder wenn man eine Druckstelle aus dem Pfirsich schneiden muss. Meine Güte, ich diskutiere da nicht mehr. Ich mache Smufies. Einfach das sehr reife Obst in den Mixer, einen tüchtigen Schluck Apfelsaft dazu – was anderes ist das auch nicht, was die uns für drei Euro pro Fläschchen andrehen wollen! *So muss man das Obst nicht wegwerfen und hat ein paar Groschen gespart.*

Manchmal kommt man zufällig an *einem Werksverkauf* vorbei, oder vielleicht haben Sie auch so was in der Nähe? Das lohnt sich eigentlich immer, da kann man prima Schnäppchen machen. Ilse und Kurt fahren jedes Jahr mit mir zu einer Kornbrennerei. Na ja. So hat halt jeder seins! Es gibt aber auch Schlachthöfe, die direkt verkaufen, oder manchmal bedrucken die, wenn Weltmeisterschaft ist, die Süßigkeitenpackungen mit Fußballern. Wenn unsere Mannschaft dann früh ausscheidet, will das keiner mehr kaufen, und sie verhökern es für einen Appel und ein Ei.

Ich habe mir für wenig Geld einen Seifenspender besorgt. In den fülle ich das Geschirrspüli und verdünne es mit der Hälfte Wasser. Das Zeug ist so konzentriert, dass die Töpfe auch mit dem Verdünnten sauber werden. Die wollen uns natürlich alsbald wieder eine neue Flasche verkaufen. Deshalb machen die das extra so, dass man gar nicht richtig dosieren kann und immer zu viel rauskommt! Aber nicht mit mir, pah! Ich verdünne und pumpe nur einen Spritzer ins Waschwasser. *Das schont die Hände, reduziert die Chemie und spart Geld.*

Ich kaufe nicht jedes Jahr neue Geranien für den Balkon. Im Herbst, bevor die ersten Fröste drohen, schneide ich sie rabiat kurz, und dann kommen sie in den Keller in die Winterpause. Ich gieße sie nur alle paar Wochen ganz wenig, nur so viel, dass sie nicht vertrocknen. Im Frühjahr kommen sie wieder auf den Balkon oder ans Vorzelt (zwinker, zwinker!), da schlagen die wieder aus und gedeihen prächtig. Und ich habe eine Menge Geld gespart.

Die Waschmaschine stelle ich nicht wegen jeder Kleinigkeit an. Sicher, die Geräte sind heute so gebaut, dass sie im Vergleich zu früher weniger Strom und Wasser nehmen. Aber trotzdem dreht sich der Zähler! Wenn ich die Maschine anstelle, mache ich sie auch richtig voll. Wir haben doch alle genug Sachen im Kleiderschrank und können abwarten, bis die Wäsche sich lohnt. *Und wenn man wirklich eine Bluse hat, die man schnell wieder anziehen will, tut es die Handwäsche in der Schüssel auch.*

Neben meinem Sekretär steht ein kleines Ablagekörbchen, in dem ich Papier sammele, das man noch gut verwenden kann. Es flattert einem ungebeten so viel Werbepost ins Haus, deren Rückseite man noch prima als Schmierpapier nehmen kann. Um für Gertrud oder Ilse schnell ein Rezept aufzuschreiben, reicht das allemal. Einen Teil schneide ich in die Größe kleiner Notizpapiere, für den Einkaufszettel ist das ideal! *Mein Papiervorrat wird nie knapp und die Bäume sind nicht umsonst gestorben.*

Den Gefrierschrank sollten Se regelmäßig abtauen, denn schon wenige Millimeter Eis machen sich bemerkbar und gehen auf den Stromverbrauch. Ein halber Zentimeter Eis bedeutet schon dreißig Prozent mehr Strom, sagen die Fachleute, überlegen Se sich das mal! Das ist wirklich eine Menge, wenn man bedenkt, dass das Gerät das ganze Jahr über rund um die Uhr läuft. Am besten geht das Abtauen natürlich im Winter, wenn man seine Lebensmittel auf dem Balkon zwischenlagern kann.

Bei Lampen ist es ganz einfach: Wenn sie warm sind, verschwenden sie auch Energie. Da lohnt es sich wirklich, mal durchzugucken, ob im Nachttischlämpchen nicht noch eine alte 60-Watt-Glühbirne steckt, vielleicht auch in der großen Stubenlampe oder im Leuchter im Flur. Die jungen Leute haben ja teilweise schon Lampen mit Bewegungsmeldern, die gehen von alleine an, sobald man in den Flur tritt, und erlöschen, wenn sich niemand mehr rührt. Da spart man auf Dauer auch kräftig was ein. Stefan kann das sogar mit dem Händi steuern und das Licht bunt machen. *»Smart Home« nennt er das.*

In vielen Rezepten steht: »Heizen Sie den Backofen 10–20 Minuten vor.« Das ist Quatsch. Das habe ich noch nie gemacht, und ich fange nun, in reifen Jahren, auch nicht mehr damit an. Lieber gebe ich am Ende der Backzeit fünf Minuten drauf, als dass ich vorher Luft heiß mache! *Es wird schon viel zu viel heiße Luft fabriziert, vor allem von den Politikern. Hihi.*

Wenn ich den Backofen in Betrieb hatte, tut es mir immer leid um die schöne Restwärme, die da eigentlich ungenutzt verpufft. Habe ich noch alte Brötchen oder einen Kanten Weißbrot übrig, lege ich die zum Trocknen in den ausgeschalteten Backofen. Nach dem Abkühlen reibe ich die auf dem Hobel zu prima Paniermehl. *Wissen Se, ich bin nur eine bescheidene Rentnerin, die versucht, auf ihre Weise mit kleinen Kniffen ein paar Groschen und ein paar Kilostunden Watt einzusparen.*

Heute hat ja keiner mehr Zeit. Die Leute springen auf den letzten Drücker morgens aus den Federn und hetzen ohne Frühstück zur Arbeit. Da wird dann auf dem Weg schnell ein belegtes Brötchen geholt und noch ein Kaffee dazu, ach, und für die Mittagspause kaufen sie dann auch am liebsten gleich noch einen Salat. Alles in allem gehen dafür meistens zehn Euro drauf. *Dabei macht es nun wirklich keine Mühe, sich den Bohnenkaffee morgens selbst zu brühen.* Auch ein belegtes Brot für die Pause ist abends schnell geschmiert und liegt am nächsten Morgen im Kühlschrank parat.

Ein Kühlschrank sollte nicht nur sauber, sondern auch ordentlich sortiert sein. Sauberkeit versteht sich von selbst, schließlich essen wir, was darin steht. Aber es gehört sich auch, dass alles übersichtlich und nach Möglichkeit in durchsichtigen Dosen sortiert ist. Je länger man die Tür nämlich offen hält, weil man erst ewig kramen und suchen muss, desto mehr warme Luft kommt in das Gerät, und die muss wiederum erst wieder gekühlt werden. *Was das bedeutet, muss ich nicht sagen, oder?*

Ilse hat mir aus Stoffresten kleine Säckchen genäht, in die ich getrockneten Lavendel und auch Waldmeister fülle. Die hänge ich in den Kleiderschrank und verschenke sie auch gern als kleines Mitbringsel. *Es spart den Weichspüler,* der den meisten ja nur auf der Haut juckt. Das ist reine Natur und schnuppert herrlich. Und bevor ich mit einem Kasten Konfekt anrücke, das dann doch nur in der Schublade krustig wird, mache ich mit diesem selbst gebastelten Geschenk ohne jegliche Kosten gern eine Freude.

”

“

“Heute zahlen viele ja nicht mehr mit Bargeld, sondern mit Karte oder mit dem Telefon. Ich rate dazu, kleinere Beträge bis zwanzig Euro in bar zu bezahlen. *Es ist auch so eine Geschichte mit der Psyche, wissen Se?* Wenn man Geld raussucht, überlegt man noch mal. Bargeld hat doch was Wertiges. Die Karte ist schnell gezückt, und oft muss man nicht mal mehr unterschreiben. Ranhalten, und zack!, isses erledigt. Das Geld rinnt einem da nur so durch die Finger!“

Reste friere ich ja immer ein. Manchmal denkt man: »Ach, der kleine Klecks Rotkohl lohnt doch nicht aufzuheben, der kommt weg!« Aber mit dem Einkommen ist es wie mit einer Bettdecke, die vorne und hinten zu kurz ist: *Man kann zupfen und ziehen, für eine Nacht mag das im Ausnahmefall mal gehen, aber auf Dauer muss entweder eine größere Decke her oder aber man muss gucken, wie man sich schmaler macht.*

Lesen Se Ihren Stromzähler jede Woche ab und notieren Sie den Stand. Wenn man das im Blick hat und auch kleine Erfolge beim Stromsparen sieht, weil das schwarz auf weiß deutlich wird, motiviert es einen weiterzugucken. So kriegt man auch eine Antenne dafür, welche Geräte und Angewohnheiten den Verbrauch hochtreiben. Man wundert sich, warum das Drehscheibchen am Zähler noch läuft, obwohl eigentlich alles aus ist, und dann beginnt man erst mal zu gucken und merkt, dass der Klappcomputer noch an der Ladestrippe hängt.

Kartoffeln koche ich mir immer gleich für zwei Tage.

Einmal reiche ich sie frisch als Salzkartoffeln, und am nächsten Tag gibt es dann Bratkartoffeln oder ich schnippele sie zu Salat. Ein schöner Auflauf ist auch was Feines. Das geht aus schon gegarten Kartoffeln nicht nur schneller, sondern das kommt Sie auch billiger, weil der Herd nur einmal angestellt werden muss. Mit Nudeln kann man das auch so machen, die schmecken aufgebraten ganz prima, und auch ein Nudelsalat ist ruckzuck gemacht.

Ich kann manchmal gar nicht hingucken, wenn andere Leute Kartoffeln schälen: *So dick, dass fast nichts mehr übrig bleibt!* **Und das, wo das Kilo Kartoffeln heute schon bald so viel kostet wie ein Kilo Kotelett! Warum, das ist ein anderes Thema, aber auf jeden Fall rate ich zur Anschaffung eines Sparschälers, wenn man so ungeschickt ist und es mit einem kleinen Küchenmesser nicht hinkriegt. Die kleine Ausgabe hat man ganz schnell wieder drin.**

Auf der Bräuteschule habe ich gelernt, ein Haushaltsbuch zu führen, und ich tue es bis heute. Erst wenn man es aufschreibt, sieht man, wo das Geld hingeht. *Es sind die Kleinigkeiten, die sich aufsummieren, glauben Se mir!* Sie werden überrascht sein, wenn Sie am Ende der Woche nachrechnen, wofür das Geld rausgegangen ist. Gern vergisst man die drei Euro, die zwei Kugeln Eis kosten, oder auch die Groschen, die man in die Parkuhr gesteckt hat, weil man aus Bequemlichkeit doch wieder mit dem Auto gefahren ist.

Es ist ein ganz einfacher Hinweis, da bin ich fast ein bisschen genant, das aufzuschreiben, aber: Auf jeden Topf gehört auch ein Deckel. Die Hitze düst doch sonst nur so nach oben weg, ungenutzt! Es dauert länger, bis das Gargut oder das Wasser überhaupt heiß ist, und auch es heiß zu halten kostet viel Energie. *»Wer den Pfennig nicht ehrt, ist des Talers nicht wert!«*, hat mein Opa schon immer gesagt. Seinerzeit war der Pfennig das, was heute die Zents sind, und der Taler *… aber das wissen Se sicher.*

Waschen Sie unbedingt ohne Vorwäsche. Die Maschinen sind heute so gut, die schaffen es auch, ohne dass die Blusen eine Extrarunde drehen. Und sechzig Grad reichen völlig aus! Ich habe mich damit auch lange Zeit schwergetan, wissen Se, ich bin es so gewohnt, dass Weißwäsche gekocht wird. Ein halbes Jahr lang habe ich die Leibwäsche kritisch beguckt und auch daran gerochen. Es war alles prima, auch mit dreißig Grad weniger. *Glauben Se mir, wenn die Wäsche den Renate-Bergmann-Test besteht, dann ist sie wirklich porentief rein!*

Heute müssen ja alle ein Auto haben. Wir hatten früher … ja, ich weiß, man kann die Zeiten nicht vergleichen. Aber trotzdem, wenn überhaupt, dann hatten wir EIN Auto. Eigentlich wollte ich darauf hinaus, dass man eine Menge Geld sparen kann, wenn man sich jede Autofahrt genau überlegt. Wenn es denn sein muss, kann man wenigstens Fahrgemeinschaften bilden. Ich mache immer mit Kurt und Ilse gemeinsam den Wocheneinkauf. Wir verbinden das auch immer mit der Fahrt zu einem Doktor, denn gerade auf den kurzen Strecken verbraucht ein Auto doch am meisten Kraftstoff.

Alle Texte von Torsten Rohde. Aus: Bergmann, Renate: Dann lassen wir eben die Heizdecke weg! Sparen mit der Online-Omi. © 2022 by Ullstein Buchverlage GmbH, Berlin. Erschienen im Ullstein Taschenbuch Verlag
Cover Illustration »Renate Bergmann«,
auch im Innenteil: © Rudi Hurzlmeier
Covergestaltung: Grafisches Atelier, arsEdition GmbH
Gestaltung Innenteil: Eva Schindler
Bildnachweise: Cover: ElnurBabayev / Shutterstock.com
Hintergründe / Vignetten Innenteil:
www.shutterstock.com: ElnurBabayev; Irtsya; Anastasiia Kucherenko; greoli; Irina Ikar; Getty Images / Boonyachoat; Getty Images / Renikca; Getty Images / frentusha; Getty Images / RedKoalaDesign; Getty Images / ba888; Getty Images / as creative atelier; Getty Images / alenaspl; Getty Images / Irina Karnisheva

ISBN 978-3-8458-5289-8
www.arsedition.de

MIX
Papier aus verantwortungsvollen Quellen
FSC® C020056
FSC
www.fsc.org

Guten Tag, hier schreibt Renate Bergmann. Ich bin Pensionärin aus Berlin-Spandau und habe mit meinen 82 Jahren alle meine vier Ehemänner überlebt. Aber das Leben ist teuer – erst recht, wenn man alleine ist und mit wenig Rente über die Runden kommen muss. Kaum hat man einen Fünfzig-Euro-Schein angeschnitten, ist er auch schon weg. Das Geld rinnt einem nur so durch die Finger! Deshalb habe ich Ihnen 50 Ideen aufgeschrieben, wie man ein paar Groschen sparen kann. Wenn Se nur zwei oder drei beherzigen, wenn Se nur ab und an denken: *»Mensch, das wusste ich noch nicht, aber da hat die olle Bergmann recht, das probiere ich mal aus!«,* dann ist das doch schon was.